educamos·sm

Caro aluno, seja bem-vindo à sua plataforma do conhecimento!

A partir de agora, você tem à sua disposição uma plataforma que reúne, em um só lugar, recursos educacionais digitais que complementam os livros impressos e são desenvolvidos especialmente para auxiliar você em seus estudos. Veja como é fácil e rápido acessar os recursos deste projeto.

1 Faça a ativação dos códigos dos seus livros.

Se você NÃO tiver cadastro na plataforma:

- Para acessar os recursos digitais, você precisa estar cadastrado na plataforma educamos.sm. Em seu computador, acesse o endereço <br.educamos.sm>.
- No canto superior direito, clique em "**Primeiro acesso? Clique aqui**". Para iniciar o cadastro, insira o código indicado abaixo.
- Depois de incluir todos os códigos, clique em "**Registrar-se**" e, em seguida, preencha o formulário para concluir esta etapa.

Se você JÁ fez cadastro na plataforma:

- Em seu computador, acesse a plataforma e faça o *login* no canto superior direito.
- Em seguida, você visualizará os livros que já estão ativados em seu perfil. Clique no botão "**Adicionar livro**" e insira o código abaixo.

Este é o seu código de ativação! → **DED2X-XMLBR**   CB037875

2 Acesse os recursos.

Usando um computador

Acesse o endereço <br.educamos.sm> e faça o *login* no canto superior direito. Nessa página, você visualizará todos os seus livros cadastrados. Para acessar o livro desejado, basta clicar na sua capa.

Usando um dispositivo móvel

Instale o aplicativo **educamos.sm**, que está disponível gratuitamente na loja de aplicativos do dispositivo. Utilize o mesmo *login* e a mesma senha da plataforma para acessar o aplicativo.

Importante! Não se esqueça de sempre cadastrar seus livros da SM em seu perfil. Assim, você garante a visualização dos seus conteúdos, seja no computador, seja no dispositivo móvel. Em caso de dúvida, entre em contato com nosso canal de atendimento pelo **telefone 0800 72 54876** ou pelo *e-mail* **atendimento@grupo-sm.com**.

BRA201235_5269

Semear Juntos

Ensino Religioso

5

Organizadora: SM Educação
Obra coletiva concebida, desenvolvida e produzida por SM Educação.

2ª edição, São Paulo, 2020

Semear Juntos – Ensino Religioso – volume 5
© Ediciones SM
© SM Educação
Todos os direitos reservados

Autoria	Mar Sánchez Sánchez, Hortensia Muñoz Castellanos
Direção editorial	M. Esther Nejm
Gerência editorial	Cláudia Carvalho Neves
Gerência de *design* e produção	André da Silva Monteiro
Edição executiva	Mar Sánchez Sánchez, Hortensia Muñoz Castellanos
	Assessoria pedagógico-pastoral: Humberto Herrera
	Edição: Joana Junqueira Borges
	Suporte editorial: Fernanda de Araújo Fortunato
Coordenação de preparação e revisão	Cláudia Rodrigues do Espírito Santo
	Revisão: Ana Paula Ribeiro Migiyama, Fátima Valentina Cezare Pasculli, Iris Gonçalves
	Preparação: Ana Paula Ribeiro Migiyama, Iris Gonçalves, Vera Lúcia Rocha
	Apoio de equipe: Beatriz Nascimento
Coordenação de *design*	Gilciane Munhoz
	***Design*:** Tangente Design, Thatiana Kalaes
Coordenação de arte	Ulisses Pires
	Edição de arte: Andressa Fiorio, Eduardo Sokei, Vivian Dumelle
	Assistência de arte: Renné Ramos, Vitor Trevelin
Coordenação de iconografia	Josiane Laurentino
	Pesquisa iconográfica: Beatriz Fonseca Micsik, Bianca Fanelli
	Tratamento de imagem: Marcelo Casaro
Capa	Gilciane Munhoz
	Imagem de capa: Rebeca Luciani
Projeto gráfico	Andrea Dellamagna
Ilustrações	Carlitos Pinheiro, Guilherme Asthma, Suri, Victor Beuren, Victor Goularte
Pré-impressão	Américo Jesus
Fabricação	Alexander Maeda
Impressão	BMF Gráfica e Editora

Dados Internacionais de Catalogação na Publicação (CIP)
(Câmara Brasileira do Livro, SP, Brasil)

Semear juntos, 5 : ensino religioso / organizadora SM Educação ; obra coletiva concebida, desenvolvida e produzida por SM Educação. – 2. ed. –
São Paulo : Edições SM, 2020.

ISBN: 978-65-5744-021-6 (aluno)
ISBN: 978-65-5744-013-1 (professor)

1. Ensino religioso (Ensino fundamental)

20-36832   CDD-377.1

Índices para catálogo sistemático:
1. Educação religiosa nas escolas   377.1
2. Religião: Ensino fundamental   377.1

Cibele Maria Dias – Bibliotecária – CRB-8/9427

2ª edição, 2020
3ª impressão, maio 2022

SM Educação
Rua Tenente Lycurgo Lopes da Cruz, 55
Água Branca 05036-120 São Paulo SP Brasil
Tel. 11 2111-7400
atendimento@grupo-sm.com
www.grupo-sm.com/br

APRESENTAÇÃO

Querido aluno, querida aluna,

Você sabia que muitas crianças de todo o Brasil já utilizaram este livro nas aulas de Ensino Religioso?

Essas crianças gostaram muito das atividades e dos jogos e descobriram como as aulas de Ensino Religioso são importantes e divertidas.

O Ensino Religioso é como uma grande janela que podemos abrir não apenas para conhecer o mundo, mas também para perceber que somos parte dele.

Queremos que você conheça a bondade de Deus, que ilumina nosso dia a dia e inspira as pessoas a se relacionar melhor umas com as outras.

Desejamos que este livro possa semear em você atitudes de respeito e de solidariedade para viver bem e feliz com todos.

Neste ano, convidamos você a ampliar sua consciência religiosa, percebendo-se como um ser curioso e solidário que acredita na bondade das pessoas.

Uma ótima experiência para você!

Equipe editorial

SUMÁRIO

1. Somos pessoas 8

- **Lendo a Bíblia:** Deus criou o mundo e as pessoas 10
- **Compreendendo o mundo:** Todas as pessoas merecem respeito 12
- **Aprendendo uns com os outros:** A força criadora da mulher 14
- **Oficina do brincar:** Artistas com papel e tesoura 15
- **Aprendendo mais:** Direitos iguais para todas as pessoas 16
- **Vivendo o que aprendemos:**
  - Temos o direito de expressar nossa religiosidade 18
  - Preservar a memória das tradições religiosas 19

2. Somos curiosos 20

- **Lendo a Bíblia:** As pessoas buscam ser amigas de Deus 22
- **Compreendendo o mundo:** A presença de Deus no mundo 24
- **Aprendendo uns com os outros:** A vida após a morte 26
- **Oficina do brincar:** Teatro da curiosidade 27
- **Aprendendo mais:** Buscando o sentido da vida 28
- **Vivendo o que aprendemos:** Deus se manifesta na criação 30
  - Todos buscam um sentido para a vida 31

3. Somos crentes 32

- **Lendo a Bíblia:** Deus se revela para a humanidade 34
- **Compreendendo o mundo:** A relação com Deus 36
- **Aprendendo uns com os outros:** Os comportamentos religiosos 38
- **Oficina do brincar:** Cartas para o futuro 39
- **Aprendendo mais:** Crenças muito antigas 40
- **Vivendo o que aprendemos:** A fé nos fortalece 42
  - Deus está presente em nossa vida 43

4 Somos solidários 44

- **Lendo a Bíblia:** Jesus acolhia todos 46
- **Compreendendo o mundo:** Jesus nos convida a agir com misericórdia .. 48
- **Aprendendo uns com os outros:** O amor e o respeito ao próximo 50
- **Oficina do brincar:** Boneca *abayomi* 51
- **Aprendendo mais:** A vocação de servir ao próximo 52
- **Vivendo o que aprendemos:** Deus é misericordioso 54
  - Ser solidários 55

5 Somos sociáveis 56

- **Lendo a Bíblia:** Jesus compartilhou e celebrou a vida 58
- **Compreendendo o mundo:** Comemorações cristãs 60
- **Aprendendo uns com os outros:** Celebrações da fé 62
- **Oficina do brincar:** A rádio do bem 63
- **Aprendendo mais:** A diversidade cultural e religiosa 64
- **Vivendo o que aprendemos:** As pessoas celebram a vida e a fé 66
  - Compartilhamos a vida em sociedade 67

6 Somos companheiros 68

- **Lendo a Bíblia:**
  - O número de seguidores de Jesus cresce em todo o mundo 70
- **Compreendendo o mundo:**
  - O trabalho de pessoas de fé 72
- **Aprendendo uns com os outros:**
  - A importância do diálogo inter-religioso 74
- **Oficina do brincar:** Conhecer para valorizar 75
- **Aprendendo mais:** Companheiros pelo mundo 76
- **Vivendo o que aprendemos:** Levar boas notícias às pessoas 78
  - As religiões têm muito a nos ensinar 79

- **Conhecendo um povo do nosso país:** Os Kaingang 80
- **Jogando:** Pontos de diálogo 84
- **Conheça mais** 88
- **Recortáveis** 89

CONHEÇA SEU LIVRO

Abertura
Nesta seção, você vai encontrar situações do seu dia a dia sobre as quais vai precisar pensar e dar sua opinião.

Boxe Para refletir e conversar
Quando estiver aprendendo algo, é importante pensar sobre o novo conhecimento e compartilhá-lo com alguém. Você vai responder perguntas sobre o tema e conversar com os colegas.

PARA REFLETIR E CONVERSAR
- Quais pessoas Jesus acolhia?
- Quais pessoas Jesus está ajudando em cada uma das cenas?
- Por que os enfermos eram marginalizados na sociedade da época?
- Por que você acha que Jesus sempre acolheu todas as pessoas?

Lendo a Bíblia
Histórias ilustradas da Bíblia para você conhecer e aprender com os ensinamentos de Deus.

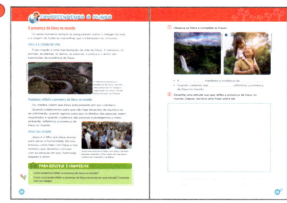

Compreendendo o mundo
Como os cristãos vivem e compreendem o mundo? É o que você vai ver nesta seção. As fotografias retratam o mundo que existe à nossa volta e a importância de Deus em tudo o que existe.

Aprendendo uns com os outros

Nem todas as pessoas têm a mesma religião. Mas você já pensou que todas elas têm algo a ensinar? Aqui você vai conhecer o jeito de cada religião tratar diferentes temas.

Oficina do brincar

Está na hora de colocar em prática o que você aprendeu na unidade, realizando atividades divertidas.

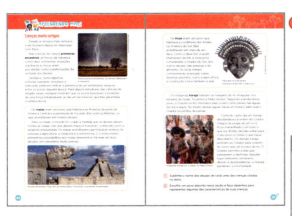

Aprendendo mais

Você vai aprender um pouco sobre a vida e os costumes de diferentes culturas e conhecerá a opinião de pessoas que têm algo a nos ensinar.

Vivendo o que aprendemos

Como relembrar o que você aprendeu na unidade? Com atividades animadas, para fazer em classe ou em casa, com a família!

Conhecendo um povo do nosso país

Você vai conhecer a cultura, os costumes e as crenças religiosas de um povo do nosso país, relacionando-os a seus aprendizados.

Conheça mais

Com as sugestões de livros, filmes, músicas e *sites* desta seção, você vai conhecer ainda mais valores éticos e religiosos.

Jogando

O jogo desta seção levará você a praticar os ensinamentos desta coleção de forma alegre e fraterna.

Ícones

Estes ícones indicam se você deve fazer a atividade com um colega, com mais de um colega ou em casa, com sua família.

 Atividade em dupla

 Atividade em grupo

🏠 Atividade com a família

1 Somos pessoas

Quando olhamos ao redor, percebemos que somos diferentes uns dos outros, não é mesmo? Cada pessoa é única. Entretanto, ao mesmo tempo, percebemos que temos muitos pontos em comum.

PARA REFLETIR E CONVERSAR

- Observe a cena ao lado. Onde estão as crianças?
- O que as crianças estão fazendo? Todas estão contentes?
- Repare bem cada criança: Quais são as semelhanças entre elas? E quais são as diferenças?

1. Observe as imagens a seguir e, depois, converse com os colegas.

a. Existe alguma relação entre as imagens acima e a cena ao lado?

b. Você tem algo em comum com as crianças representadas nas imagens desta página? O quê?

Deus criou o mundo e as pessoas

Quando Deus fez a terra e o céu, ainda não havia árvores nem arbustos. Não caía chuva sobre a terra. Ninguém cultivava nem semeava. Só havia uma fonte que brotava do solo e regava tudo pelo caminho.

Então, Deus moldou o homem com o pó do solo. Depois, Deus soprou em seu nariz e deu vida a ele. E Deus chamou o homem de Adão.

Depois, Deus criou a mulher. O nome dela era Eva. Adão e Eva faziam companhia um ao outro.

Adão e Eva viviam no Éden, um lindo jardim criado por Deus. Lá havia vegetação variada e todos os tipos de animais. Deus permitiu que Adão desse nome a cada animal.

Deus criou o homem e a mulher à sua imagem e semelhança, pois queria compartilhar com eles a vida e o seu amor. Então, Deus ofereceu a eles o mundo para que cuidassem dele e fossem felizes.

A Bíblia, no livro do Gênesis, relata de forma poética a criação do Universo e dos seres que vivem nele. Deus criou as pessoas por amor. Gênesis não é um livro científico, é um livro religioso que fala ao coração das pessoas. Ele nos convida a admirar e a nos emocionar com a criação de Deus.

PARA REFLETIR E CONVERSAR

- Como Deus deu a vida ao homem?
- Quem deu nome aos animais? Por quê?
- Por que Deus criou o homem e a mulher?
- O que Deus ofereceu ao homem e à mulher? Para quê?

(1) Procure no dicionário o significado das palavras a seguir e anote no caderno.

| gênesis | criação | presente |

| cuidar | semelhança |

(2) Em uma folha à parte, escreva um resumo do relato bíblico que você acabou de ler. Utilize as palavras da atividade anterior.

COMPREENDENDO O MUNDO

Todas as pessoas merecem respeito

Para os cristãos, todas as pessoas do mundo merecem o mesmo respeito, não importa se são adultas ou crianças, homens ou mulheres, se pertencem a nações, religiões ou culturas diferentes.

Todos os seres humanos foram criados à imagem e semelhança de Deus e, por isso, todos são valiosos.

Fomos criados à imagem e semelhança de Deus

Todos nós, mulheres e homens, temos a capacidade de amar, decidir e planejar e somos responsáveis uns pelos outros e pelo planeta Terra.

Assim como Deus planejou uma vida plena e feliz para nós, também devemos desejar o mesmo aos outros.

Somos responsáveis uns pelos outros.

Convivemos uns com os outros

Adão e Eva faziam companhia um ao outro. Nós também não vivemos sozinhos, mas nos relacionamos com outras pessoas e com o ambiente que nos rodeia.

Para sermos plenamente felizes, precisamos compartilhar a vida com outras pessoas.

Reconhecemos a dignidade de todas as pessoas

Diariamente, pessoas do mundo inteiro são tratadas com desrespeito, discriminação e violência. Os cristãos devem se posicionar contra essas atitudes e lutar para que o valor de todas as pessoas seja reconhecido.

PARA REFLETIR E CONVERSAR

- Por que os cristãos acreditam que todas as pessoas são valiosas?
- Você concorda com a frase "Para sermos plenamente felizes, precisamos compartilhar a vida com outras pessoas"? Justifique sua resposta.
- Em sua turma, as pessoas se posicionam contra atitudes de desrespeito, discriminação ou violência? Converse com os colegas.

1 Observe as salas de aula nas imagens abaixo.

Sala de aula de Ensino Fundamental na Terra Indígena Pau-Brasil, em Aracruz, no Espírito Santo.

Sala de aula de Ensino Fundamental em Chennai, na Índia.

Sala de aula de Ensino Fundamental na aldeia Moikarakô, em São Félix do Xingu, no Pará.

a. Quais são as semelhanças entre as três imagens?
b. Quais são as diferenças entre as três imagens?
c. Alguma dessas salas de aula se parece com a sua? Por quê?

2 Você sabia que nem todas as crianças de sua idade têm acesso à escola? Em sua opinião, elas estão sendo respeitadas? Converse com os colegas.

APRENDENDO UNS COM OS OUTROS

A força criadora da mulher

Em muitos lugares do mundo, mulheres e meninas são discriminadas pelo simples fato de serem do sexo feminino. Entretanto, há várias religiões que valorizam a mulher e sua força criadora.

O **bahaísmo**, ou fé *bahá'í*, é uma religião presente em muitos países, principalmente na Índia. Para o bahaísmo, mulheres e homens são iguais perante os olhos de Deus e, por isso, ninguém deve ser discriminado.

Seguidores do bahaísmo saindo do Templo de Lótus, casa de adoração *bahá'í*, em Nova Délhi, na Índia.

O **hinduísmo** é uma religião com muitos deuses e, entre eles, há uma deusa que se chama **Shakti**. Para os hindus, *shakti* é a energia cósmica que move o Universo e tem força para transformá-lo. A deusa representa o poder criador feminino e é conhecida como "Grande Mãe Divina".

Mulher fazendo oração à deusa Shakti, na Índia.

Para o **judaísmo**, homens e mulheres merecem ser igualmente respeitados, já que ambos foram criados à imagem e semelhança de Deus. A Torá narra a história de Abraão e de outros patriarcas, bem como a história de mulheres valentes, sábias e cheias de fé, como Sara, Rebeca e Raquel. Para os judeus, homens e mulheres contribuíram para a história de Israel.

Menina judia recitando oração enquanto segura o rolo da Torá, em Jerusalém, Israel.

- Como você e sua turma podem contribuir para que todos sejam tratados de forma igualitária? Converse com os colegas.

OFICINA DO BRINCAR

Artistas com papel e tesoura

Aprendemos que todos os seres humanos são iguais perante Deus e que precisamos conviver em harmonia e respeito com todos.

Todas as pessoas têm direito de praticar a própria religião.

1. Vamos criar um símbolo para o respeito e o diálogo entre as tradições religiosas do Brasil e do mundo?

Você vai precisar de
- cartolina colorida
- lápis
- tesoura com pontas arredondadas
- canetas hidrográficas
- giz de cera
- lápis de cor
- régua

Passo 1: Desenhe um círculo na cartolina e recorte-o.

Passo 2: Dobre o círculo ao meio quatro vezes. Ao final, a cartolina terá o formato de uma fatia de *pizza*.

Passo 3: Desenhe a silhueta de uma pessoa no centro da dobradura. As mãos da personagem devem estar nas beiradas da cartolina, como mostra a imagem.

Passo 4: Recorte a personagem, tomando cuidado para não desfazer a corrente.

Passo 5: Desdobre a cartolina e você verá uma roda de personagens de mãos dadas.

Passo 6: Agora, caracterize cada personagem com símbolos de diferentes culturas ou tradições religiosas.

2. Mostre aos colegas como ficou o símbolo que você fez para representar o respeito às diferentes religiões.

APRENDENDO MAIS

Direitos iguais para todas as pessoas

No mundo inteiro, há organizações que agem para assegurar que os princípios dos direitos humanos sejam colocados em prática.

No dia a dia, nós também podemos estar atentos para lutar contra situações de injustiça e garantir que todas as pessoas sejam igualmente respeitadas.

Para todos

A **Organização das Nações Unidas** (**ONU**) é uma organização internacional, formada por representantes de quase duzentos países, que zela pela paz e promove os direitos humanos.

Em 1948, a ONU aprovou a **Declaração Universal dos Direitos Humanos** (**DUDH**), documento que foi assinado por países de todo o mundo. Essa declaração defende a igualdade entre as pessoas e assegura direitos essenciais para a vida.

O acesso à educação fundamental consta na Declaração Universal dos Direitos Humanos.

Todas as crianças têm o direito de brincar, segundo a Convenção Internacional sobre os Direitos da Criança.

Para as crianças

Em 1989, foi aprovada pela ONU a **Convenção Internacional sobre os Direitos da Criança**, com o objetivo de proteger crianças e adolescentes. Todos os países que assinaram esse documento estão obrigados a cumpri-lo. De acordo com o texto do tratado, toda criança ou adolescente tem direito à proteção, à saúde, à educação e ao lazer.

Para as pessoas refugiadas

Muitas pessoas precisam deixar a casa e o país em que vivem para fugir de um conflito ou de uma guerra. Elas são chamadas de refugiadas porque buscam refúgio, abrigo em outros países. Para proteger as pessoas nessas situações, a ONU criou um órgão chamado **Alto Comissariado das Nações Unidas para os Refugiados**, que defende o direito que todas as pessoas têm de buscar proteção fora de seu país quando estiverem em situação de perigo.

Em situações de perigo, as pessoas têm o direito de procurar refúgio em outros países. Na foto, refugiados sírios assistem a aula de português na Sociedade Islâmica de Guarulhos, em Guarulhos (SP).

Para os povos indígenas

Indígenas em ritual do *kuarup*, no Parque Indígena do Xingu, no Mato Grosso.

Em 2007, a ONU proclamou a **Declaração das Nações Unidas sobre os Direitos dos Povos Indígenas**. Essa declaração é diferente das anteriores porque foi elaborada pelos próprios povos indígenas.

O texto dessa declaração reconhece a grande e rica contribuição dos povos indígenas para a diversidade do mundo e para a humanidade e confirma os direitos de todos os indígenas a manter seu idioma, suas tradições e cultura, seus territórios e recursos naturais e sua religiosidade.

1. Em sua opinião, os direitos de todas as pessoas são respeitados da mesma maneira? Por quê?

2. Você já tomou conhecimento de situações de desrespeito aos direitos das crianças, dos refugiados ou dos indígenas? Conte aos colegas.

VIVENDO O QUE APRENDEMOS

Temos o direito de expressar nossa religiosidade

A **Constituição da República Federativa do Brasil** de 1988 estabelece que todos somos iguais perante a lei e temos liberdade de crença religiosa. Ela garante também o livre exercício dos cultos religiosos e a proteção aos locais de culto e às suas práticas.

O **Estatuto da Criança e do Adolescente** (**ECA**) é um documento criado em 1990 que garante o direito de crianças e adolescentes ao desenvolvimento espiritual e à expressão de sua religiosidade. Ele também trata de outros aspectos da cidadania de crianças e adolescentes.

A **Declaração Universal dos Direitos Humanos** também reconhece a religião como um direito de todas as pessoas. Segundo essa declaração, qualquer pessoa tem o direito de mudar sua religião ou crença, de praticar sua religiosidade e de manifestá-la publicamente.

1. Converse com os colegas.

    a. O que você entende por liberdade religiosa?

    b. Em sua opinião, se as leis defendem a liberdade religiosa, por que ainda há casos de desrespeito às pessoas por causa da religião que elas professam?

2. O Brasil não tem uma religião oficial, e o Ministério da Educação afirma que a disciplina de Ensino Religioso deve assegurar aos alunos o respeito às várias religiões.

    - Em sua opinião, as aulas de Ensino Religioso na escola em que você estuda refletem isso? Pinte a expressão que representa sua opinião.

Sempre. Muitas vezes. Poucas vezes. Nunca.

Preservar a memória das tradições religiosas

 3 As pessoas costumam registrar os acontecimentos por meio de textos, documentos, objetos e de muitas outras formas. Você sabe o motivo pelo qual elas fazem isso? Converse com os colegas.

Do mesmo modo, as religiões valorizam as suas tradições e buscam preservar as suas memórias. Muitas religiões conservam livros e objetos que consideram sagrados e propõem diversas práticas que ajudam as pessoas a lembrar os ensinamentos religiosos.

4 Observe os termos abaixo.

| TRADIÇÕES INDÍGENAS | CANDOMBLÉ | UMBANDA |

- Agora, desembaralhe as letras vermelhas e descubra uma característica dessas tradições religiosas que contribui para a preservação dos seus saberes, princípios e valores.

  5 Em grupos, escolham uma das tradições religiosas acima e pesquisem na internet, em livros ou em revistas os seguintes itens:

a. Dois ensinamentos da tradição religiosa escolhida.

_____

b. Quem é o responsável por comunicar aos membros os ensinamentos dessa tradição religiosa?

_____

Compartilhe os resultados da pesquisa com os colegas dos outros grupos e ouça as descobertas deles.

  6 Converse com os seus familiares sobre as atividades acima. Depois, peça que contem a você sobre um ensinamento religioso que receberam dos pais ou dos avós deles e que até hoje conservam, por considerá-lo importante para as suas vidas.

- Em classe, conte aos colegas o que você aprendeu com os seus familiares.

2 Somos curiosos

Todos nós temos a capacidade de aprender. Somos curiosos e buscamos respostas para as nossas dúvidas e perguntas. Buscamos o sentido da vida, a origem de nossa história e novas formas de enfrentar os desafios de cada dia.

PARA REFLETIR E CONVERSAR

- Observe a cena ao lado. Onde você acha que as crianças estão?
- O que se pode aprender nesse lugar?
- Você já esteve em um lugar semelhante ao da cena? Conte aos colegas.

1. Observe as imagens a seguir.
   a. O que as crianças estão fazendo em cada uma das imagens?
   b. O que você acha que elas podem aprender nesses lugares?

2. Em sua opinião, é possível as pessoas aprenderem algo novo todos os dias? Converse com os colegas.

As pessoas buscam ser amigas de Deus

Ao ler a Bíblia, é possível perceber que as pessoas sempre se relacionaram com Deus.

Deus criou um mundo muito bonito!

Abel foi um dos filhos de Adão e Eva. Ele era pastor de ovelhas e colocava Deus em primeiro lugar em sua vida. Ele oferecia a Deus as primeiras crias de seus rebanhos.

Abraão contava a Deus suas dúvidas e preocupações.

Senhor, como terei uma grande descendência se não tenho nenhum filho? Mas confio na tua promessa, Senhor.

Moisés guiou o povo de Deus pelo deserto. Quando surgiam problemas, como a falta de água, Moisés pedia ajuda a Deus.

Ajuda-nos, Senhor! Estamos com sede!

O profeta Samuel, desde criança, desejou tanto encontrar Deus que o procurou até nos sonhos.

Fala comigo, Senhor! Eu quero ouvir tua voz!

O rei Davi clamou a Deus em muitos momentos. Ele também escreveu poemas e cantou para expressar a Deus agradecimento e admiração.

Senhor, nosso Deus, que maravilhosas são as obras de tua criação!

Ilustrações: Suvi/ID/BR

Maria era cheia de fé, e por isso guardava as promessas de Deus em seu coração.

Os discípulos viram em Jesus o caminho para chegar a Deus.

Eu sou o caminho, a verdade e a vida. Ninguém vai ao Pai senão por mim.

As personagens nesses relatos bíblicos são exemplos da ligação que sempre existiu entre Deus e as pessoas: Abel oferecia o que tinha de melhor a Deus; Maria confiava nas promessas de Deus; e os discípulos buscavam a Deus por meio de Jesus.

Diariamente, nós também podemos nos aproximar de Deus por intermédio de Jesus.

PARA REFLETIR E CONVERSAR

- Quais personagens dos relatos bíblicos você já conhecia?
- Assim como Abraão, você já contou suas preocupações a Deus?
- Você já cantou em louvor a Deus, como o rei Davi?

- Com a ajuda do(a) professor(a), leia na Bíblia as referências a seguir. Depois, ligue cada referência à situação correspondente.

Gênesis 1,27	Deus se revela em Jesus.
Evangelho segundo João 14,6-7	Deus se revela na criação.
Salmos 19,1-2	Deus se revela em cada um de nós.

COMPREENDENDO O MUNDO

A presença de Deus no mundo

Os seres humanos sempre se perguntaram sobre o milagre da vida e a origem de todas as maravilhas que contemplam no Universo.

Deus é o criador da vida

Toda criação é uma manifestação da vida de Deus. A natureza, os animais, as plantas, os astros, as pessoas, a justiça e o amor são expressões da existência de Deus.

A natureza expressa a existência de Deus. Na foto, vista aérea do rio Tibagi e vegetação na zona rural de Ponta Grossa, no Paraná.

Podemos refletir a presença de Deus no mundo

Os cristãos creem que Deus está presente em seu cotidiano.

Quando colaboramos para que não haja situações de injustiça ou de sofrimento, quando agimos para que os direitos das pessoas sejam respeitados e quando cuidamos das pessoas e protegemos o meio ambiente, refletimos a presença de Deus no mundo.

Jesus nos ensina

Jesus é o filho que Deus enviou para salvar a humanidade. Ele nos ensinou como falar com Deus e nos mostrou que devemos conviver com as pessoas em paz, harmonia, respeito e amor.

Jesus nos ensinou a falar com Deus. Na foto, pessoas rezando o Pai-nosso em paróquia católica em Salvador, na Bahia.

PARA REFLETIR E CONVERSAR

- Como podemos refletir a presença de Deus no mundo?
- Como você pode refletir a presença de Deus na escola em que estuda? Converse com os colegas.

① Observe as fotos e complete as frases.

- A _____ manifesta a existência de _____.
- Quando cuidamos das _____ , refletimos a presença de Deus no mundo.

② Desenhe uma atitude sua que reflita a presença de Deus no mundo. Depois, escreva uma frase sobre ela.

_____

_____

APRENDENDO UNS COM OS OUTROS

A vida após a morte

Muitas pessoas costumam se perguntar se há algo depois desta vida. As diferentes culturas e religiões têm suas próprias respostas a essa pergunta.

Mulher em templo hindu em Watford, na Inglaterra.

Os hindus creem na reencarnação, isto é, acreditam que, após a morte, a alma do ser humano retorna à vida, depois de determinado tempo, em outro corpo. Para o **hinduísmo**, se a pessoa cumpriu corretamente os preceitos da religião hindu e praticou boas ações, após a morte ela renascerá como um novo ser superior; e, se não cumpriu os preceitos ou praticou o mal, renascerá em um ser inferior, ou até mesmo em um animal. É por isso que os hindus têm respeito absoluto pelos animais.

Os cristãos acreditam na ressurreição. Para o **cristianismo**, a fé deve estar em Jesus, que com sua morte e ressurreição salvou a humanidade do pecado e da morte eterna. Para os cristãos, os que viverem com fé em Jesus, após a morte, estarão em um mundo novo com Deus, no céu.

Culto em igreja batista em Charlottesville (Virgínia), nos Estados Unidos.

- Sublinhe no texto como o hinduísmo e o cristianismo tratam a vida após a morte.

Oficina do brincar

Teatro da curiosidade

No mundo, existem muitas coisas diferentes que despertam nossa curiosidade. As pessoas buscam compreender o significado das coisas que as cercam e o sentido da vida. A curiosidade é um dos caminhos para encontrarmos as respostas. Você se considera curioso?

 1 O(a) professor(a) vai organizar você e os colegas em grupos com quatro integrantes. Cada grupo vai pesquisar uma característica de uma religião que tenha curiosidade de conhecer. Você e seu grupo podem pesquisar, por exemplo, um símbolo do budismo, uma prática cristã, uma vestimenta hindu.

- Façam a pesquisa na internet, em livros ou em revistas.
- Registrem no caderno as informações que encontraram.

 2 Agora, você e seu grupo vão preparar uma peça teatral para apresentar aos colegas o que vocês descobriram.

3 Compartilhe com os colegas como foi a experiência de descobrir informações sobre o que vocês tinham curiosidade.

 4 Em casa, conte a seus familiares sobre o que vocês pesquisaram e sobre a peça teatral que apresentaram aos colegas.

APRENDENDO MAIS

Buscando o sentido da vida

Nossa vida é marcada por muitos aprendizados. Vamos descobrindo o mundo em que vivemos e aprendendo um pouquinho mais sobre ele todos os dias.

Desde que nascemos, aprendemos a andar, a falar, a ler e a escrever. Ficamos maravilhados ao ver pela primeira vez uma flor ou uma borboleta e aprendemos a admirar a natureza.

Desde pequenos, aprendemos a admirar a natureza.

À medida que crescemos, conhecemos mais a nossa família e passamos a confiar cada dia mais nela. Conhecemos também novas pessoas e aprendemos a amá-las. Ao nos relacionarmos com os outros, fazemos amigos, com quem brincamos, conversamos e nos sentimos queridos. Aprendemos a ser felizes na companhia de quem amamos.

É comum pensar sobre o sentido da vida. Buscar respostas para essas perguntas, conforme crescemos, é uma tarefa individual, mas algumas pessoas podem nos orientar nessa busca. A ciência e a religião também contribuem com respostas.

À medida que crescemos, conhecemos novas pessoas e aprendemos a amá-las.

Há quem pense que a vida não tem sentido ou que é impossível para o ser humano compreendê-lo.

Algumas pessoas acreditam que a ciência será capaz de responder, no futuro, a mais perguntas sobre o sentido da vida. Na opinião dessas pessoas, um ser humano, assim como qualquer outro ser vivo, tem um ciclo de vida que obedece às leis da natureza: ele nasce, cresce e, então, morre.

Outras pessoas consideram que a vida é um mistério e que ela não se acaba com a morte. Algumas religiões concordam que a origem da vida se deve a uma força criadora, a um deus; outras religiões atribuem a vida a vários deuses. As pessoas que têm fé encontram em seu deus o sentido da vida e depositam nele sua esperança.

Para as religiões, a vida se deve a uma força criadora.

- Qual é o sentido da vida para você? Converse com os colegas.

VIVENDO O QUE APRENDEMOS

Deus se manifesta na criação

Uma das formas de os indígenas organizarem o tempo é observando os fenômenos da natureza e as estações do ano.

Vários povos indígenas observam os ventos e as chuvas para indicar a passagem dos meses e o movimento do Sol para indicar a passagem do ano. Com base nessas noções de tempo, organizam suas atividades cotidianas, os momentos festivos e religiosos e até o calendário escolar.

1 Observe a organização do calendário dos indígenas Karajá, com base nos eventos naturais que acontecem em cada mês.

Maybã (janeiro)	É tempo de milho verde.
Baebara (fevereiro)	O rio parou de encher.
Tubyraçó (março)	Começou a vazante.
We-ra (abril)	Já tem praia fora.
Rarado-uebto (maio)	As árvores têm flores que alimentam os animais.
Rarado-sí (junho)	As árvores têm frutos.
Kotu-sí (julho)	A tracajá põe os ovos.
Bederá (agosto)	Iniciaram as queimadas para fazer roçado.
Kotuni-sí (setembro)	As tartarugas já põem os ovos.
Baé-bã dereká (outubro)	Iniciaram as chuvas e o rio começa a encher.
Kotuni-reiroré (novembro)	As tartarugas estão nascendo.
Baorá (dezembro)	O rio está enchendo.

Fonte de pesquisa: Elói Corrêa dos Santos. Temporalidade sagrada: tempo sagrado e tempo profano. Em: PARANÁ. Secretaria de Estado da Educação. Superintendência de Educação. *Ensino Religioso*: diversidade cultural e religiosa. Curitiba: Seed/PR, 2013. p. 171-172.

a. Em uma folha à parte, desenhe os eventos naturais referentes a cada mês.

b. Mostre a um colega o seu calendário indígena. Veja o dele também.

2 Em casa, conte aos seus familiares a experiência dos indígenas Karajá em organizar o tempo com base na observação da natureza.

Todos buscam um sentido para a vida

③ Você já pensou no que gostaria de fazer no futuro? Conte aos colegas.

④ Complete o caminho que representa o seu plano de vida para o futuro.

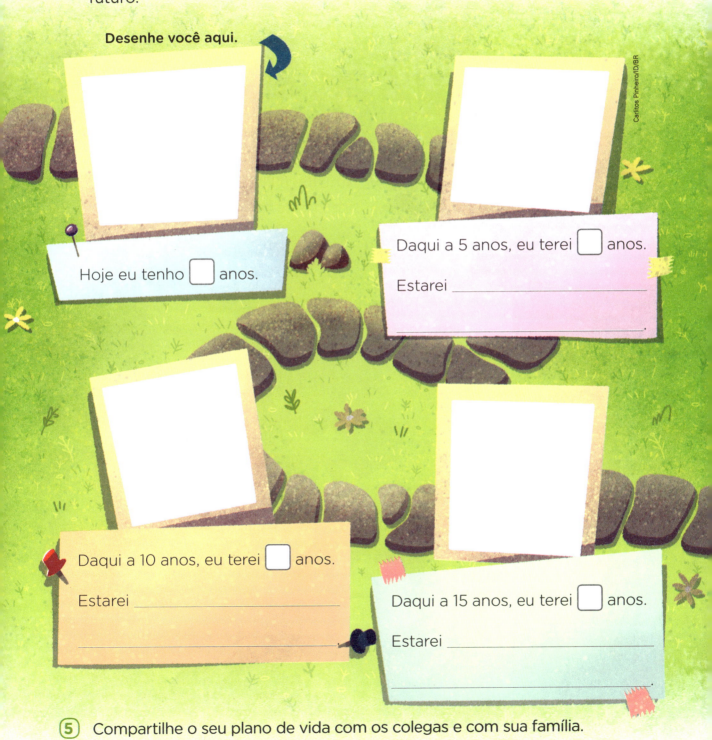

Desenhe você aqui.

Hoje eu tenho ☐ anos.

Daqui a 5 anos, eu terei ☐ anos.
Estarei _____.

Daqui a 10 anos, eu terei ☐ anos.
Estarei _____.

Daqui a 15 anos, eu terei ☐ anos.
Estarei _____.

⑤ Compartilhe o seu plano de vida com os colegas e com sua família.

3 Somos crentes

As crenças religiosas têm um papel importante na vida de muitas pessoas. Tudo aquilo em que acreditamos influencia a nossa forma de agir no dia a dia e o nosso modo de ver o mundo.

PARA REFLETIR E CONVERSAR

- Observe a cena ao lado. Onde ela se passa?
- Sobre o que as crianças estão conversando?
- Você acha possível saber se uma pessoa é legal sem conhecê-la, só de olhar para ela? Converse com os colegas.

1. O que as imagens abaixo têm em comum?

2. Alguma dessas imagens se parece com a forma como você expressa a sua fé? Por quê?

_____

_____

Deus se revela para a humanidade

Por amor, Deus criou as pessoas à sua imagem e semelhança. Adão e Eva foram as primeiras pessoas que Deus criou.

Eu abençoo vocês. Povoem a Terra e cuidem dela.

Muito tempo depois, Deus prometeu a Abraão uma terra para viver com seus filhos, netos, bisnetos e uma grande descendência que formaria o povo de Deus. Abraão confiou em Deus, que cumpriu a promessa.

Olhe e conte as estrelas, se puder. Assim será a sua descendência!

Ilustrações: Suri/ID/BR

O povo de Deus foi escravizado no Egito. Então, Deus usou Moisés para libertar o povo e guiá-lo pelo deserto à terra prometida.

Eu estarei no deserto com você. Bata na pedra e dela brotará água para o povo beber.

Um dia, Israel precisou de um novo rei. Deus, então, enviou Samuel, um profeta, à casa de Jessé, em Belém, para que escolhesse um de seus filhos como rei.

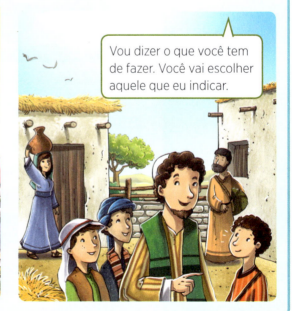

Vou dizer o que você tem de fazer. Você vai escolher aquele que eu indicar.

Deus escolheu Davi, um dos filhos de Jessé, como rei de Israel. Seu reinado foi um tempo de paz.

> Sua família e seu reino permanecerão sempre diante de mim. O seu trono será seguro para sempre.

Deus nunca abandonou o seu povo. Por meio dos profetas, anunciou um futuro de salvação. Isaías se encarregou de comunicar a boa notícia a todos.

> Deus nos enviará um Messias...

Maria foi escolhida por Deus para ser a mãe de Jesus, o Messias. O anjo Gabriel a avisou.

> Alegre-se, Maria, o Senhor está com você. Você terá um filho ao qual dará o nome de Jesus.

Deus se fez homem em seu filho Jesus. Por isso, conhecer Jesus é conhecer a Deus.

> Se me conhecer, conhecerá também a meu Pai.

A Bíblia nos conta que Deus foi se revelando à humanidade e mostrando a sua presença por meio de pessoas de fé.

PARA REFLETIR E CONVERSAR

- Como Deus se aproximou das pessoas e se revelou a elas?
- Segundo o relato bíblico, como é possível conhecer a Deus?

- Compare as cenas desta seção com as cenas da seção *Lendo a Bíblia* da unidade anterior. Depois, escreva no caderno os nomes das personagens que aparecem em ambas as unidades.

COMPREENDENDO O MUNDO

A relação com Deus

Pessoas de diferentes religiões procuram se relacionar com Deus.

A **oração** é a forma mais habitual de buscar a Deus. As pessoas se dirigem a Ele para agradecer pelas bênçãos, para pedir ajuda para resolver problemas do cotidiano e também para louvá-lo.

A maioria das religiões tem seus próprios **textos sagrados**. Estudar esses textos é uma forma de conhecer a Deus. Os textos sagrados do cristianismo estão na Bíblia.

Visitar locais considerados **sagrados** também é uma forma de buscar a Deus. Para os cristãos, esses locais estão relacionados com a vida de Jesus (como as cidades de Nazaré e Jerusalém, em Israel) e com a Virgem Maria (como a cidade de Aparecida, em São Paulo).

A oração é uma das formas de chegar a Deus.

Pessoas de diversas religiões também buscam a Deus frequentando **templos**, **igrejas**, **monastérios**, **centros**, entre outros lugares.

Celebrar festas para recordar fatos importantes para a religião é outra forma de buscar a Deus. As festas cristãs celebram fatos importantes da vida de Jesus, como a Sexta-feira da Paixão, a Páscoa e o Natal.

Ao **participar de rituais**, pessoas de várias religiões buscam um encontro com Deus. Os budistas, por exemplo, oferecem flores e incensos a Buda. No cristianismo, a Eucaristia (ou ceia do Senhor) é um ritual que celebra Jesus.

Para os cristãos, **a fé em Jesus** é a melhor forma de chegar a Deus. Conhecer Jesus é conhecer a Deus, e se relacionar com Ele é se relacionar com Deus.

PARA REFLETIR E CONVERSAR

- De que formas é possível se relacionar com Deus? Comente-as.
- Para os cristãos, qual é a melhor forma de se relacionar com Deus?

① Observe as imagens abaixo e descreva de que forma os cristãos estão buscando se relacionar com Deus.

a. _____

b. _____

c. _____

d. _____

e. _____

② Em dupla, escolham uma religião e façam uma pesquisa sobre um lugar sagrado para ela. Produzam um cartaz com imagens e textos que expliquem qual é esse lugar e por que ele é considerado sagrado.

APRENDENDO UNS COM OS OUTROS

Os comportamentos religiosos

Pessoas de diferentes religiões buscam se relacionar com Deus por meio da fé e de seus comportamentos religiosos. Observe alguns exemplos.

Família comemora a Páscoa judaica em celebração na sinagoga Beth Israel, em Miami, nos Estados Unidos.

Os cristãos comemoram a ressurreição de Jesus. Na foto, cerimônia na catedral Metropolitana Ortodoxa, no município de São Paulo.

Para o **judaísmo**, a festa mais importante é a Páscoa, ou *Pessach*, que significa passagem em hebraico. Na Páscoa judaica, comemora-se a libertação do povo de Israel da escravidão no Egito.

Para o **cristianismo**, a Páscoa também é uma das principais celebrações. Nessa data, os cristãos relembram a morte de Jesus e comemoram a sua ressurreição.

Para o **islamismo**, uma prática religiosa bastante importante é o Ramadã, que acontece no nono mês do calendário islâmico. Durante esse período, os muçulmanos praticam o ritual do jejum: não se alimentam desde o nascer do sol até o momento em que ele se põe. Para os muçulmanos, esse momento serve para renovar a sua prática de fé.

Muçulmanos oram no período do Ramadã em mesquita em Bagdá, no Iraque.

1. Explique com suas palavras o que representa a Páscoa judaica para os judeus, a Páscoa cristã para os cristãos e o Ramadã para os muçulmanos.

2. Em casa, pesquise uma tradição ou uma celebração de alguma religião que não tenha sido representada nesta página.
   - Na data combinada com o(a) professor(a), conte aos colegas o que você descobriu em sua pesquisa.

OFICINA DO BRINCAR

Cartas para o futuro

As crenças religiosas têm um papel importante na vida das pessoas, aproximando-as de Deus e ajudando-as a desenvolver e cultivar atitudes que contribuem para que se relacionem melhor com outras pessoas.

Pensando na relação que você tem com a fé, escreva uma carta para uma pessoa muito especial: você mesmo daqui a sete anos!

1. Em uma folha à parte, escreva uma carta seguindo estas orientações:
   - Escreva o cabeçalho. Coloque o nome da cidade onde você vive e a data na primeira linha.
   - Cumprimente você mesmo no futuro.
   - Fale sobre quem é Deus para você hoje.
   - Conte ao seu eu do futuro como você percebe a presença de Deus no seu dia a dia.
   - Conte sobre as aulas de Ensino Religioso e a forma como elas ajudam você a ter boas atitudes no seu dia a dia.
   - Fale sobre as atitudes que você gostaria de cultivar na sua vida, para chegar aos 17 anos se relacionando de maneira ainda melhor com você, com os outros e com os acontecimentos da vida.
   - No final, assine a carta escrevendo o seu nome completo.
   - Depois disso, decore a carta como você preferir.

2. Agora, com a ajuda do professor, coloque a carta dentro da sua garrafa PET. Use fitas adesivas para lacrar a garrafa e cole uma etiqueta com o seu nome e a data.

3. Em casa, conte a seus familiares sobre a atividade que você realizou na escola. Peça a eles que o ajudem a encontrar um lugar para guardar a garrafa com a carta. Combinem que vocês vão abrir essa garrafa daqui a sete anos, quando você estiver concluindo o Ensino Médio.

Ilustrações: Carlitos Pinheiro/ID/BR

APRENDENDO MAIS

Crenças muito antigas

Desde os tempos mais remotos, o ser humano deseja se relacionar com Deus.

Nas crenças de nossos **primeiros ancestrais**, as forças da natureza, como raios, tormentas, erupções vulcânicas e chuva, eram percebidas como manifestações da vontade dos deuses.

Para os povos ancestrais, os deuses habitavam a natureza.

Vestígios, como algumas pinturas rupestres, amuletos e máscaras, parecem indicar a presença de um sentimento religioso entre os povos daquela época. Para alguns estudiosos das ciências da religião, esses vestígios mostram que os povos buscavam a proteção de uma força sobrenatural, ou de um ser invisível, que lhes garantisse a sobrevivência.

Os **maias** eram um povo que habitava as florestas de parte da América Central e a península de Yucatán. Eles eram politeístas, ou seja, acreditavam em muitos deuses.

Para os maias, o mundo foi criado à medida que os deuses davam nomes às coisas. Um dos deuses maias é Kukulcán, conhecido como a serpente emplumada. Os maias acreditavam que Kukulcán ensinou às pessoas a agricultura, a medicina e a astronomia. O conhecimento astronômico possibilitou aos maias desenvolver, há mais de doze séculos, um calendário muito preciso.

Ruínas de templo maia. Em primeiro plano, Kukulcán, a serpente emplumada.

Os **incas** eram um povo que habitava a cordilheira dos Andes, na América do Sul. Eles acreditavam em mais de um deus, como o deus Sol, a quem chamavam de Inti, e Viracocha, considerado o criador do Sol, dos outros deuses, das pessoas e do alimento. Os incas tinham conhecimento avançado sobre diversos assuntos, como a agricultura, a construção civil e também a arte.

Máscara inca de prata representando Inti, o deus Sol.

Os indígenas **Karajá** habitam as margens do rio Araguaia, nos estados de Goiás, Tocantins e Mato Grosso. Segundo a lenda desse povo, o Criador os fez imortais e eles viviam como peixes nas águas de rios e lagos. No fundo dessas águas, havia um buraco pelo qual o Criador os proibiu de passar.

Indígenas Karajá em Cuiabá, no Mato Grosso.

Contudo, certo dia um Karajá desobedeceu à ordem do Criador, chegou às praias de um rio e ficou maravilhado com tudo o que viu. Então, decidiu voltar para o seu povo e contar o que havia descoberto. Os demais Karajá pediram ao Criador para viverem do outro lado do buraco do rio. O Criador permitiu a eles que passassem a desfrutar daquele lugar belíssimo; entretanto, devido à desobediência, os Karajá perderam a imortalidade.

1. Sublinhe o nome dos deuses de cada uma das crenças citadas no texto.

2. Escolha um povo descrito nesta seção e faça desenhos para representar algumas das características de suas crenças.

VIVENDO O QUE APRENDEMOS

A fé nos fortalece

Você já ouviu falar na palavra devoção?

É um sentimento religioso que expressa a adoração das pessoas a Deus e a veneração aos santos por meio de práticas religiosas.

Os católicos têm uma devoção especial pela Virgem Maria, mãe de Jesus. Ela é conhecida por uma variedade de nomes, de acordo com a localização geográfica e os aspectos culturais de onde é venerada.

Observe, a seguir, dois exemplos da devoção à Virgem Maria no Brasil.

Nossa Senhora da Amazônia.

Nossa Senhora do Pantanal.

1 Que características regionais estão representadas nessas imagens?

___
___
___
___

Deus está presente em nossa vida

2) Nos países da América Latina, a devoção à Virgem Maria também é bastante expressiva.

- Escolha um país da América Latina e pesquise sobre a devoção mariana. Escreva o nome pelo qual a Virgem Maria é conhecida nesse país e registre o que aprendeu sobre ela em uma imagem ou um desenho.

País: _____ Nossa Senhora _____

3) Em casa, pergunte a seus pais ou responsáveis ou até mesmo a seus avós se em sua família há alguma devoção especial a Maria ou a algum santo. Registre abaixo o que você descobriu.

4 Somos solidários

Às vezes, atitudes que podem parecer pequenas nos ajudam e são muito importantes em nosso dia a dia. Essas atitudes são protagonizadas por pessoas ao nosso redor que estão atentas ao próximo. Elas nos cumprimentam, avisam quando nossa mochila está aberta ou o cadarço do nosso sapato está desamarrado e nos alertam quando estamos distraídos.

PARA REFLETIR E CONVERSAR

- Observe a cena ao lado. Onde as crianças estão?
- O que elas estão fazendo?
- Quais pessoas estão precisando de ajuda? Quais crianças estão oferecendo ajuda?

- O que as imagens abaixo têm em comum com a cena ao lado? Você já vivenciou ou já presenciou alguma situação como as retratadas nessas imagens? Conte aos colegas.

45

Jesus acolhia todos

Jesus queria que todas as pessoas tivessem uma vida boa e digna.

Ele valorizava as pessoas marginalizadas na sociedade da época, como as crianças, os pobres, os excluídos e os enfermos. Jesus ficava ao lado deles e os encorajava e os curava.

Na época de Jesus, pensava-se que os enfermos eram pessoas abandonadas por Deus. Ninguém se aproximava deles. Os leprosos eram o grupo mais excluído de todos: viviam nos arredores da cidade e ninguém queria estar perto deles. Jesus, porém, aproximava-se dos leprosos e os curava.

Certa vez, uma mulher que há anos sofria com uma enfermidade ficou sabendo que Jesus estava em sua cidade.

Ela foi ao encontro de Jesus, mas não teve coragem de falar com Ele. Então, ela pensou que ficaria curada só de tocar no manto Dele. E assim o fez. E Jesus percebeu e a curou.

A sua fé a salvou. Vá em paz, pois você está curada da enfermidade.

46

Certo dia, um oficial militar aproximou-se de Jesus para pedir a cura de um de seus soldados, que estava muito ferido e prestes a morrer. O oficial militar não fazia parte do povo de Deus, mas Jesus se prontificou a ir até a casa dele para curar o homem. Entretanto, o oficial militar, cheio de fé, disse a Jesus que sabia que o soldado poderia ficar curado com apenas uma palavra Dele. E assim aconteceu.

Senhor, não se incomode, não sou digno de que entre em minha casa. Mas diga uma só palavra e o meu soldado ficará curado.

Nem em Israel encontrei tanta fé.

Ao ler os Evangelhos, percebemos que Jesus nos ensinou a ser misericordiosos com todas as pessoas, sem exceção.

PARA REFLETIR E CONVERSAR

- Quais pessoas Jesus acolhia?
- Quais pessoas Jesus está ajudando em cada uma das cenas?
- Por que os enfermos eram marginalizados na sociedade da época?
- Por que você acha que Jesus sempre acolheu todas as pessoas?

1 Qual dos relatos bíblicos mais chamou sua atenção? Por quê?

_____
_____
_____
_____

 2 Troque de livro com um colega para que vocês leiam as respostas um do outro. Depois, comente com o colega do que mais gostou na resposta dele.

COMPREENDENDO O MUNDO

Jesus nos convida a agir com misericórdia

Jesus nos ensinou que Deus é misericordioso com todas as pessoas, sem exceção. Jesus nos convida a agir com misericórdia também:

> "Sejam misericordiosos, como também o Pai de vocês é misericordioso."
>
> (Evangelho segundo Lucas 6,36)

Nas comunidades cristãs, todas as pessoas devem ser acolhidas e receber amor e respeito.

Ser solidários com todos

Deus está onde há amor, igualdade, justiça e disposição para defender o injustiçado. Tratar as pessoas com respeito, reconhecer atitudes de bem, feitas por alguém, e dedicar atitudes de amor aos outros são sinais da presença de Deus em nossa vida.

A Igreja como sucessora da obra de Jesus

Jesus acolheu todos e afirmou que Deus é um Pai bondoso para todas as pessoas.

Para sermos seguidores de Jesus, devemos imitar seus passos e sua forma de respeitar as pessoas.

Uma Igreja que acolhe as pessoas

A missão da Igreja é levar a mensagem de Jesus a todas as pessoas e acolhê-las com amor.

Para a Igreja, acolher as pessoas significa despertar nelas o sentimento de terem sido convidadas a participar da comunidade cristã, sem que se sintam julgadas ou excluídas.

Todos são convidados a participar da comunidade cristã. Na foto, o papa Francisco abraça criança no Vaticano.

PARA REFLETIR E CONVERSAR

- O que Jesus nos ensina sobre Deus? Como Jesus quer que sejamos?
- Como as pessoas devem ser recebidas nas comunidades cristãs?

① Quais das situações do quadro abaixo mostram atitudes solidárias?

- Marque ✓ se o comportamento é solidário.
- Marque ✗ se não é.
- Na última linha, escreva um exemplo de atitude solidária que você já tenha praticado.

Respeitar os que pensam de forma diferente de nós.	
Conviver somente com as pessoas que nos agradam.	
Ser simpático com os novos colegas da turma.	
Convidar somente as pessoas que jogam bem para fazer parte da equipe de esporte da turma.	
Defender os colegas que estão sendo maltratados por outros colegas.	
	✓

② Observe a imagem abaixo e leia o texto. Imagine que você é um dos três amigos que estão conversando.

Três amigos se dão muito bem e estão sempre juntos. Um deles tem uma nova vizinha da mesma idade que está sozinha e não tem com quem brincar. Os três amigos conversam sobre convidá-la para brincar com eles.

a. O que você faria?
b. Invente o final da história e desenhe-o em uma folha à parte.

APRENDENDO UNS COM OS OUTROS

O amor e o respeito ao próximo

Para a maioria das religiões e filosofias religiosas, o amor ao próximo é muito importante, em especial o amor aos mais necessitados.

Jesus colocou o amor no centro de sua mensagem. Para o cristianismo, o amor ao próximo não existe sem o amor a Deus. E o amor a Deus não pode existir sem o amor ao próximo.

Praticantes do confucionismo em templo na Coreia do Sul.

Para o **confucionismo**, é muito importante praticar o bem e a justiça e viver de forma harmoniosa com o Universo. Para os seguidores do confucionismo, valores como a honestidade, o trabalho e o respeito pelas pessoas são fundamentais para alcançar equilíbrio social.

"Não imponhas a outro o que não escolherias para ti mesmo."

Confúcio

Para o **hinduísmo**, é fundamental que seus seguidores compartilhem com os outros o que possuem, renunciando assim ao egoísmo, amando o próximo e tendo compaixão por todos os seres vivos. Para os hindus, essa é uma forma de progredir espiritualmente.

"Uma esmola é pura quando é dada com amor e de todo coração à pessoa adequada, desapegada de toda possível recompensa."

Bhagavad Gita, 17-20

Mulheres hindus em ritual de oração pela saúde de seus maridos, em Ahmadabad, na Índia.

- Há semelhanças entre o que Jesus ensinou e as formas como o confucionismo e o hinduísmo compreendem o amor ao próximo? Converse com os colegas.

OFICINA DO BRINCAR

BONECA ABAYOMI

Na época da colonização do território que hoje é o Brasil, milhares de africanos foram escravizados e trazidos de navio para cá.

Muitas mães africanas, durante a viagem, rasgavam parte das suas saias e com os retalhos criavam pequenas bonecas, que ficaram conhecidas pela palavra iorubá *abayomi*, que em português significa encontro precioso.

Você pode criar sua boneca *abayomi*.

Você vai precisar de
- um tecido preto de 24 cm × 12 cm e um tecido preto de 24 cm × 5 cm
- um tecido colorido de 14 cm × 8 cm
- 2 tiras de tecido coloridas

Passo 1: Segure uma das pontas do tecido preto maior e dê um nó, formando a cabeça da boneca.

Passo 2: Faça um corte no meio da parte de baixo do tecido, dividindo-a em duas pontas.

Passo 3: Dê um nó na parte de baixo de cada ponta, formando as pernas da boneca.

Passo 4: Dobre o tecido preto menor ao meio. Depois, coloque-o por trás da boneca e dê um nó logo abaixo do nó da cabeça, formando os braços da boneca.

Passo 5: Dê um nó em cada ponta dos braços.

Passo 6: Dobre o pedaço de tecido colorido ao meio duas vezes. Depois, corte a ponta da dobra.

Passo 7: Vista a sua boneca com o tecido. Depois, amarre uma tira de tecido colorido na cintura e a outra na cabeça da boneca.

- Em casa, mostre a boneca aos seus familiares e conte a eles a história dela.

A vocação de servir ao próximo

Muitas pessoas sentem disposição de ajudar o próximo. Então, elas contribuem com suas profissões, crenças, trabalhos, gestos e ações voluntárias para fazer do mundo um lugar melhor para viver em sociedade. Observe alguns exemplos.

Religiosas e **religiosos** do mundo inteiro colocam sua vida a serviço do próximo. Essas pessoas seguem o exemplo de Jesus ao acolher os mais necessitados. Por amor a Deus e às pessoas, elas compartilham a vida com o próximo, em especial com os que não se sentem queridos nem cuidados pela sociedade.

Religiosas da congregação Missionárias da Caridade em Salvador, na Bahia.

Há pessoas que escolhem profissões voltadas ao cuidado, à proteção, ao atendimento, ao ensino ou ao acompanhamento do próximo. Entre esses profissionais estão **bombeiros**, **médicos**, **enfermeiros**, **professores** e **agentes sociais**. Alguns deles, em certas ocasiões, em razão da vocação de serviço e da entrega ao que fazem, colocam em risco a própria vida para ajudar outras pessoas.

Bombeiros resgatam pessoas após inundação causada por enchente no bairro de Rudge Ramos, em São Bernardo do Campo.

Voluntários removem óleo de vazamento em praia do litoral de Pernambuco.

Todos nós podemos realizar ações simples de serviço e amor ao próximo. Muitas vezes, essas ações podem passar despercebidas, mas elas contribuem para tornar a convivência mais fraterna e humana.

Dedicar parte de nosso tempo a algum trabalho **voluntário** é uma maneira de alimentar o sentimento de solidariedade por meio de atitudes de amor e de doação ao próximo. Assim, aprendemos a ser mais sensíveis às necessidades e aos problemas das pessoas e também do nosso planeta.

Professor voluntário lecionando inglês a meninas muçulmanas em escola provisória na Somália.

① Em sua opinião, todas as pessoas podem servir ao próximo? Por quê? Converse com os colegas.

② Pense em duas ações simples que mostrem amor ao próximo e que você costuma realizar em seu dia a dia. Em uma folha à parte, escreva e ilustre essas duas atitudes.

VIVENDO O QUE APRENDEMOS

Deus é misericordioso

O papa Francisco utiliza as redes sociais para incentivar as pessoas a serem solidárias. Em uma dessas redes, ele tem mais de 40 milhões de seguidores em todo o mundo e todos os dias faz uma postagem.

 1) Leia a postagem do papa Francisco e converse com os colegas sobre a mensagem.

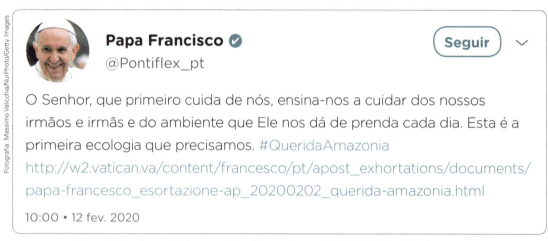

Disponível em: https://twitter.com/Pontifex_pt/status/1227578096754126849. Acesso em: 27 abr. 2020.

2) Imagine que o papa Francisco pedisse a você que escrevesse duas frases para as postagens da próxima semana. O que você escreveria? Complete as postagens abaixo.

Segunda-feira

Terça-feira

Ser solidários

3 Agora, imagine que você vai responder a uma pergunta que será publicada em uma revista chamada *O dia a dia na escola*.

O público-leitor dessa revista é composto de alunos, professores, funcionários e pais de alunos das escolas da sua cidade.

A pergunta é: "Como praticar a solidariedade na escola?".

- Escreva a resposta nas linhas abaixo. No espaço em branco, ilustre o que você escreveu com uma fotografia ou um desenho.

O dia a dia na escola
Edição especial

Como praticar a solidariedade na escola?

4 Em casa, mostre aos seus familiares como você respondeu à pergunta da atividade 3.

5 Somos sociáveis

As pessoas são seres sociáveis, ou seja, necessitam estar juntas e compartilhar a vida umas com as outras. As pessoas se unem para celebrar os momentos alegres e para se ajudar nos momentos difíceis.

PARA REFLETIR E CONVERSAR

- Observe a cena ao lado. O que as pessoas estão fazendo? Em sua opinião, por que estão fazendo isso?
- Como as pessoas que estão assistindo participam?

1. Observe as imagens desta página e converse com os colegas.

a. O que elas têm em comum com a cena da página ao lado?

b. Que tipos de comemoração elas representam?

LENDO A BÍBLIA

Jesus compartilhou e celebrou a vida

A última ceia de Jesus

Jesus se importava com seus amigos e gostava de compartilhar a vida com eles. Quando chegou o dia da Páscoa, Ele se reuniu com os apóstolos e, juntos, celebraram uma ceia inesquecível.

Jesus disse a eles:
— Desejei muito celebrar essa ceia com vocês!

Então, repartiu o pão e o vinho entre seus apóstolos.

Façam isso para se lembrar de mim.

Ilustrações: Suri/ID/BR

Pães e peixes para todos

Jesus também celebrou a vida com as pessoas que o seguiam.

Certa vez, uma multidão foi atrás de Jesus para ouvir o que Ele falava.

Ficou tarde e as pessoas não tinham nada para comer. Então, Jesus deu graças a Deus pelos cinco pães e dois peixes que havia ali e os repartiu entre todos.

O alimento se multiplicou e todos ficaram satisfeitos.

Jesus e Levi

Jesus fez questão de participar de comemorações com todas as pessoas. Certa vez, Levi, um arrecadador de impostos, preparou um banquete para receber Jesus e seus discípulos. Os arrecadadores de impostos não eram bem-vistos pela sociedade da época de Jesus, pois eram considerados pecadores.

As pessoas criticaram Jesus por essa atitude, mas Ele explicou a elas que Deus está próximo de todas as pessoas, principalmente daquelas que precisam de ajuda e de perdão. Por isso, Jesus desejou estar com o arrecadador de impostos e dividir com ele uma refeição.

A ceia de Emaús

Depois da morte de Jesus, dois de seus discípulos iam de Jerusalém a um povoado chamado Emaús. No caminho, eles falavam sobre a ressurreição de Jesus, mas ainda tinham dúvidas se Ele havia mesmo ressuscitado.

Então, Jesus apareceu, conversou com eles e os acompanhou, mas os dois discípulos não o reconheceram.

Como já era noite, os discípulos convidaram o acompanhante para jantar com eles. Quando Jesus repartiu o pão, os dois discípulos perceberam que o acompanhante era Jesus e ficaram maravilhados.

PARA REFLETIR E CONVERSAR

- Com quem Jesus aparece em cada cena?
- Jesus se importou com a opinião da sociedade a respeito do arrecadador de impostos? O que Ele fez?
- Como os discípulos que iam a Emaús reconheceram Jesus?

- Complete a tabela de acordo com a atitude de Jesus nos relatos bíblicos. Veja um exemplo.

Com quem Jesus estava	O que Jesus fez
Com os apóstolos	Repartiu o pão e o vinho com eles.
Com a multidão que o seguia	
Com o arrecadador de impostos	
Com os discípulos que iam a Emaús	

COMPREENDENDO O MUNDO

Comemorações cristãs

Algumas experiências importantes se repetem todos os anos, como as comemorações de aniversário.

Ao longo do ano, os cristãos celebram os principais acontecimentos da vida de Jesus reunindo-se para louvar a Deus e dar graças por seu amor e salvação. Nas comunidades católicas, também há festas em honra a Maria, mãe de Jesus, e aos santos, homens e mulheres seguidores de Jesus e exemplos de vida para os cristãos.

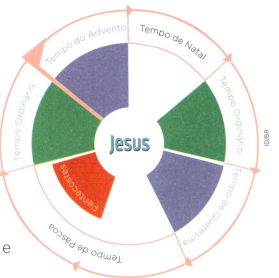

O ano litúrgico

Ano litúrgico é o nome que se dá ao período de 12 meses durante o qual são celebradas as principais festas cristãs. Observe como ele é organizado:

- **Advento**: inicia-se quatro semanas antes do Natal. É um **tempo de esperança**, que representa a espera pelo nascimento de Jesus.
- **Natal**: começa em 25 de dezembro e vai até 6 de janeiro, com a adoração dos Reis Magos ao Menino Jesus. É um **tempo de festa e de alegria** pelo nascimento de Jesus.
- **Quaresma**: são os quarenta dias que vão desde a Quarta-Feira de Cinzas até o Domingo de Ramos. É um **tempo de preparação** para a Semana Santa, quando se relembra a morte de Jesus e se comemora sua ressurreição.
- **Páscoa**: vai desde o Domingo da Ressurreição até a festa de Pentecostes. Dura cinquenta dias, nos quais se celebram a ressurreição de Jesus, sua ascensão aos céus e o Pentecostes, ou seja, a vinda do Espírito Santo sobre os apóstolos.
- **Tempo Ordinário**: recordamos as palavras e ações de Jesus em seu dia a dia.

PARA REFLETIR E CONVERSAR

- O que os cristãos celebram ao longo do ano?
- Você conhece alguma das festas apresentadas? Já participou de alguma delas?

1. Complete a tabela a seguir com as informações da página anterior. Veja um exemplo.

Ano litúrgico	Duração	O que celebra
Advento	4 semanas	A espera pelo nascimento de Jesus.
Natal		
Quaresma		
Páscoa		
Tempo Ordinário		

2. Consulte um calendário do ano corrente e procure as datas nas quais os cristãos se reúnem para celebrar os eventos a seguir.

Festa	Data
Quarta-Feira de Cinzas	
Sexta-Feira Santa	

Festa	Data
Domingo da Ressurreição	
Pentecostes	

3. Em todos os lugares do mundo, os cristãos católicos também se reúnem para celebrar festas importantes em honra a Maria.

   a. Escreva abaixo o nome da padroeira do Brasil e a data em que é celebrada.

   _____
   _____
   _____
   _____

   b. No espaço ao lado, desenhe a padroeira do Brasil.

APRENDENDO UNS COM OS OUTROS

Celebrações da fé

Em todo o mundo, encontramos formas distintas de celebrar acontecimentos relacionados à fé.

No budismo, há um evento religioso conhecido como Festival das Lanternas, que acontece no 15º dia após o Ano-Novo chinês. Nesse evento, em homenagem a Buda, muitas lanternas acesas são liberadas em direção ao céu. Por influência do budismo, esse evento tornou-se muito popular na China.

Lanternas decoradas são lançadas ao céu no Festival das Lanternas, em Nova Taipé, na China.

No Brasil, muitas festas populares e religiosas têm influência portuguesa. As festas juninas são um exemplo de festa de origem religiosa católica cujos primórdios estão em Portugal. Inicialmente eram chamadas de festas joaninas, para homenagear são João e também outros santos celebrados em junho – santo Antônio e são Pedro. Por aqui acabaram sendo chamadas de festas juninas e estão completamente incorporadas às tradições locais e inseridas na cultura brasileira.

Festa junina em Bueno Brandão, em Minas Gerais.

1. Sublinhe no texto o nome das comemorações nas diferentes religiões e o que elas celebram.

2. Escolha uma dessas festas religiosas e pesquise mais dados sobre ela.

OFICINA DO BRINCAR

A rádio do bem

As pessoas compartilham a vida e a fé em sua comunidade. Uma forma de partilhar é a celebração de festas religiosas.

No Brasil, essas festas acontecem de diversas formas e em diferentes localidades.

 ① Em dupla, pesquisem quatro festas religiosas que são celebradas na comunidade em que vocês vivem. Depois, preencham o quadro abaixo.

Festa:	Festa:	Festa:	Festa:
Mês que acontece:	Mês que acontece:	Mês que acontece:	Mês que acontece:

② Escolha uma das celebrações da atividade anterior e pesquise as características indicadas nos itens a seguir. Escreva-as no caderno.

- Nome da festa.
- Qual é o motivo dessa celebração?
- Há algum alimento característico dessa celebração?
- As pessoas que participam dessa celebração usam alguma vestimenta especial? Qual?

 ③ Depois, você e seu colega de dupla vão gravar um áudio, como se fossem os apresentadores de um programa de rádio da comunidade em que vivem. Vocês devem divulgar a festa religiosa, convidando os ouvintes a participar. Usem as informações que vocês encontraram, para deixar o convite mais atrativo.

OLÁ, QUERIDOS OUVINTES! A PARÓQUIA CONVIDA TODOS A PARTICIPAR DA FESTA DE CORPUS CHRISTI. QUEM QUISER AJUDAR NA CONFECÇÃO DOS TAPETES, É SÓ ENTRAR EM CONTATO COM A PARÓQUIA PELO SITE.

Ilustrações: Carlitos Pinheiro/ID/BR

APRENDENDO MAIS

A diversidade cultural e religiosa

O Brasil é um país que apresenta vasta diversidade natural e humana. Isso se deve à grande extensão territorial e também aos diferentes grupos étnicos que, ao longo da história, contribuíram para formar o país que conhecemos hoje. A convivência de todos eles em um mesmo território é a origem da diversidade e da riqueza da cultura brasileira.

A influência portuguesa

A participação de Portugal na cultura brasileira é muito grande. Além do idioma, o Brasil apresenta influências portuguesas em várias áreas, como na religião, na arte e na culinária, entre outras. Um exemplo de festa religiosa de influência portuguesa é o Círio de Nazaré.

Todos os anos, no segundo domingo do mês de outubro, cerca de 2 milhões de pessoas saem em procissão pelas ruas de Belém, a capital do Pará, em homenagem à Nossa Senhora de Nazaré. O Círio de Nazaré é a maior manifestação católica do país.

Procissão do Círio de Nazaré em Belém, no Pará.

A procissão fluvial, na baía do Guajará, é parte da celebração do Círio de Nazaré.

A influência africana

A influência africana também é muito grande na população e na cultura brasileira. Os milhões de africanos que foram escravizados e traficados para o Brasil trouxeram seus ritos religiosos, idiomas e costumes. Sua contribuição à diversidade étnica, cultural, culinária, folclórica e religiosa brasileira é fundamental. As religiões afro-brasileiras são as que mesclam elementos do cristianismo e das tradições africanas. A Festa de Iemanjá é um exemplo disso. Trata-se de uma das celebrações mais importantes do candomblé, em que se unem tradições e elementos africanos e cristãos. Iemanjá é a associação de uma deusa do mar africana à Nossa Senhora dos Navegantes, cuja festa é celebrada no mesmo dia, 2 de fevereiro.

A congada é um elemento da cultura afro-brasileira. Originalmente, era uma dança africana que representava a luta entre o bem e o mal realizada na coroação dos reis do Congo, um país da região central da África. No Brasil, as congadas mais tradicionais são realizadas durante a festa de Nossa Senhora do Rosário, em que um número imenso de pessoas desfila pelas ruas cantando e dançando.

Grupo Congo de Sainha Irmãos Paiva, de Santo Antônio da Alegria, em São Paulo.

- Em sua opinião, a diversidade cultural e religiosa do Brasil é uma riqueza ou uma dificuldade? Converse com os colegas e justifique sua resposta.

VIVENDO O QUE APRENDEMOS

As pessoas celebram a vida e a fé

Em muitas tradições religiosas, os alimentos apresentam significados especiais.

No candomblé, por exemplo, a comida é fundamental em alguns rituais. As mulheres costumam preparar os alimentos em um local chamado cozinha de santo.

As refeições são oferecidas aos orixás e à comunidade com o desejo de trazer saúde, prosperidade e amor para as pessoas.

Um prato muito conhecido no Brasil, especialmente no estado da Bahia, é o acarajé. Originalmente, o acarajé é um prato oferecido a Iansã, um orixá que representa as energias positivas, chamadas de axé no candomblé.

Acarajé.

1 O judaísmo e o hinduísmo têm algumas regras alimentares. Em casa, com o auxílio de seus familiares, pesquise sobre essas regras para responder às perguntas a seguir.

a. O que significa *kasher*?

_____

b. Para os judeus, o que significa essa palavra em relação à alimentação?

_____
_____
_____

c. De que tipo de alimento consiste a alimentação dos hindus?

_____

d. Por que eles optam por esse tipo de alimentação?

_____
_____

2 Em classe, compartilhe com os colegas o resultado de sua pesquisa. Depois, conte a eles se na religião que você professa há alguma regra a seguir e, em caso afirmativo, qual é essa regra.

Compartilhamos a vida em sociedade

Jesus compartilhava o dia a dia com todos que queriam estar perto Dele. Várias vezes, Ele se reuniu em volta da mesa para celebrar a vida com as pessoas.

3 Organize com sua turma e com a professora ou o professor um momento de partilha e interação. O objetivo é aproveitar a companhia dos colegas com união e respeito. Nessa data, vocês vão compartilhar uma refeição e também a amizade.

Antes do dia da festa

a. Antes do dia do evento, leia as passagens bíblicas abaixo e reflita sobre o que o pão representa para os cristãos. Escreva no caderno sua reflexão.

> Na verdade, na verdade vos digo que aquele que crê em mim tem a vida eterna. Eu sou o pão da vida.
> Evangelho segundo João 6,47-48

> Quem é generoso será abençoado, pois repartiu seu pão com o pobre.
> Provérbios 22,9

> Enquanto comiam, Jesus pegou o pão e pronunciou a bênção, partiu-o, deu-o aos discípulos e disse: "Tomai, comei, isto é o meu corpo.".
> Evangelho segundo Mateus 26,26

b. Em casa, avise seus familiares que você vai levar para a classe, em uma data combinada, algo bem gostoso para você e a turma comerem ou beberem.

No dia da festa

c. Preparem a mesa com os alimentos que todos trouxeram. Sentem-se em roda e conversem sobre o significado de sentar-se à mesa e compartilhar os alimentos.

d. Agradeçam a Deus e uns aos outros pelos alimentos que vão partilhar.

e. Aproveitem a festa!

6 Somos companheiros

Compartilhamos a vida com muitas pessoas – muitas delas, além de serem nossas colegas, são nossas amigas. Com elas, aprendemos o valor do companheirismo e de caminharmos juntos.

PARA REFLETIR E CONVERSAR

- Observe a cena ao lado. Onde as crianças estão? O que elas estão fazendo?
- Você já vivenciou uma situação como essa? Conte aos colegas.

1 Quais são as semelhanças entre as imagens abaixo e a cena ao lado? E as diferenças?

2 Escolha cinco colegas da turma e desenhe-os em uma folha à parte.

- Nessa folha, escreva o nome desses colegas e também algo que faça você se lembrar de cada um deles.

O número de seguidores de Jesus cresce em todo o mundo

Jesus convidou doze apóstolos a segui-lo e formou com eles uma comunidade.

Jesus escolheu Pedro para liderar e unir os demais apóstolos e a Igreja.

Pedro, você ajudará a edificar minha Igreja.

Após a morte e a ressurreição de Jesus, no dia de Pentecostes, Pedro falou à multidão sobre a ressurreição de Jesus. Nesse dia, muitas pessoas quiseram ser batizadas e fazer parte da comunidade cristã.

Dia após dia, o número de seguidores de Jesus aumentava. Eles viviam unidos, iam juntos ao templo e repartiam o pão nas casas para recordar Jesus.

Pedro e os apóstolos transmitiam a Palavra de Deus.

Paulo tornou-se cristão após seu encontro com Jesus ressuscitado. Então, ele viajou por terra e por mar para levar a mensagem de Jesus a outros povos.

Paulo fundou comunidades em todas as cidades importantes do Império Romano, como Roma, Corinto e Alexandria, entre outras.

Ele escrevia cartas às comunidades para animá-las a seguir na fé em Jesus. Ele também as aconselhava, caso enfrentassem problemas.

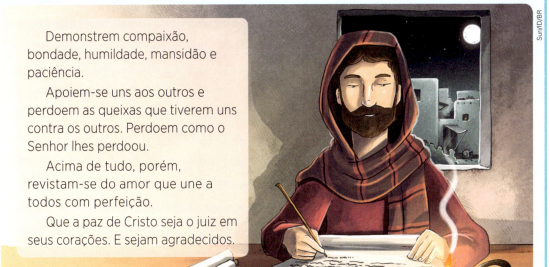

Demonstrem compaixão, bondade, humildade, mansidão e paciência.

Apoiem-se uns aos outros e perdoem as queixas que tiverem uns contra os outros. Perdoem como o Senhor lhes perdoou.

Acima de tudo, porém, revistam-se do amor que une a todos com perfeição.

Que a paz de Cristo seja o juiz em seus corações. E sejam agradecidos.

Jesus formou uma comunidade com os apóstolos. Depois de receber o Espírito Santo, os apóstolos anunciaram a ressurreição de Jesus a todo o mundo.

Os primeiros cristãos viviam em comunidade e se distinguiam pelo amor com que tratavam uns aos outros. Com o passar do tempo, a mensagem de Jesus chegou às principais cidades do Império Romano. O apóstolo Paulo foi o encarregado de levar a essas cidades a mensagem de salvação de Jesus.

PARA REFLETIR E CONVERSAR

- O que Jesus formou com os apóstolos?
- Como viviam os primeiros cristãos?
- Quem era o líder da comunidade cristã?
- Que discípulo ajudou a espalhar a mensagem de Jesus pelo mundo?

1 Qual era a função de Pedro na comunidade cristã?

_____

2 Quais são os sentimentos que, segundo Paulo, os cristãos devem demonstrar uns aos outros?

_____

COMPREENDENDO O MUNDO

O trabalho de pessoas de fé

A comunidade cristã se expandiu graças ao entusiasmo e ao trabalho de pessoas de fé.

Pedro e a comunidade cristã

Um dos doze apóstolos, Pedro foi assim nomeado por Jesus, mas chamava-se Simão. Era pescador e vivia em Cafarnaum, uma cidade próxima ao lago da Galileia. Ele foi muito importante para a expansão da mensagem de Jesus e a organização da primeira Igreja.

Escultura de são Pedro, na basílica de são Pedro, no Vaticano.

Paulo e a expansão do cristianismo

Paulo tinha o nome de Saulo e nasceu em Tarso, na província romana da Cilícia, atual Turquia. De família judia, era culto, falava vários idiomas e conhecia bem a Torá.

Antes de se converter ao cristianismo, acreditava que os cristãos prejudicavam a religião judaica. Entretanto, certo dia Saulo teve um encontro com Jesus ressuscitado. Desde então, passou a ser chamado de Paulo e se transformou em um grande missionário.

De Paulo até hoje

Assim como Paulo, muitos cristãos têm levado a mensagem de Jesus pelo mundo. Atualmente, o cristianismo já chegou a todos os continentes.

Todos os cristãos são companheiros na missão de anunciar a boa-nova de Jesus ao mundo inteiro.

Escultura de são Paulo, na basílica de são Paulo, em Roma.

PARA REFLETIR E CONVERSAR

- Você conhece pessoas que pregam o Evangelho nos dias de hoje? Conte aos colegas.

1. Quais são as razões da expansão da comunidade cristã?

_____

_____

2. Complete as tabelas com as informações que você obteve até agora.

Nome	
Profissão	
Lugar em que vivia	
Comunidade que liderou	

Nome	
Cidade onde nasceu	
Religião a que pertencia antes de ser cristão	
Meio pelo qual se comunicava com as comunidades cristãs	

3. Nos dias atuais, o cristianismo já chegou a quais continentes?

_____

_____

4. Todos os cristãos devem anunciar a boa-nova de Jesus?

_____

_____

APRENDENDO UNS COM OS OUTROS

A importância do diálogo inter-religioso

Diariamente, compartilhamos a vida com pessoas de várias religiões, e essa convivência nos leva a respeitar e a valorizar outros tipos de fé.

Entretanto, no mundo atual, há conflitos que ameaçam a paz e a convivência harmoniosa entre pessoas que professam diferentes religiões.

Conscientes da gravidade desse problema, pessoas de todas as religiões lutam por atitudes como o respeito, a consideração mútua entre fiéis e pela criação de espaços para o diálogo inter-religioso. Observe alguns exemplos:

- O **Centro de Entendimento e Cooperação Judaico-Cristã**, em Israel, é um exemplo de diálogo inter-religioso. Fundado em 2008, oferece cursos a cristãos que queiram estudar os textos judaicos sagrados com rabinos ortodoxos.

- O **Parlamento Mundial de Religiões** é uma ONG criada em 1893, em Chicago, nos Estados Unidos da América, com o intuito de promover a convivência ecumênica e o diálogo entre pessoas de diferentes religiões.

- A **Associação Internacional para a Defesa da Liberdade Religiosa** é uma ONG que defende o direito à liberdade de pensamento e de religião, o que inclui a liberdade para crer ou não, a liberdade para mudar de convicção religiosa e o direito de manifestar a própria fé da maneira que preferir.

Papa Francisco cumprimenta Somdej Phra Maha Muneewong, patriarca supremo do budismo da Tailândia, em Bangcoc.

- Sublinhe as ideias que mais chamaram sua atenção sobre o diálogo inter-religioso.

OFICINA DO BRINCAR

Conhecer para valorizar

As religiões levam bons ensinamentos às pessoas. Cada pessoa escolhe a religião que deseja seguir e todas as manifestações religiosas devem ser respeitadas.

Vamos conhecer mais sobre outras religiões?

1 Encontre no diagrama abaixo o nome de dez religiões.

2 Escolha entre as religiões do diagrama aquela que desperta a sua curiosidade. Depois, com a ajuda de seus familiares, pesquise na internet, em livros ou em revistas os seguintes itens:
- Características da religião.
- Um ensinamento que essa religião prega. Registre os resultados de sua pesquisa no caderno.

3 Em classe, compartilhe com os colegas as informações sobre a religião que pesquisou e o ensinamento que encontrou. Explique aos colegas por que esse ensinamento chamou sua atenção.

APRENDENDO MAIS

Companheiros pelo mundo

Desde a ressurreição de Jesus, muitos cristãos se dedicam a levar as boas-novas a todo o mundo. São os missionários, que colocam a vida a serviço do próximo e viabilizam a presença da Igreja em todos os continentes.

A Igreja pelo mundo

Muitos homens e mulheres viajaram pelo mundo para divulgar a mensagem de Jesus. As ordens religiosas marianistas, dominicanas e franciscanas, carmelitas, agostinianas e jesuítas, entre outras, realizaram e até hoje realizam um intenso trabalho missionário. Muitos cristãos protestantes também foram a todas as partes do planeta para pregar o Evangelho de Jesus.

Crianças aprendem a tocar violino com missionário jesuíta em escola pública na Bolívia.

Estátua em homenagem à Nossa Senhora de Vailankanni, venerada na Índia.

Na Ásia, na África e na América, os missionários fundaram comunidades cristãs, construíram hospitais, universidades e escolas e colaboraram na promoção e no desenvolvimento dessas comunidades.

Quando os portugueses chegaram à Índia, em 1498, já havia cristãos. Segundo a tradição, o apóstolo Tomé proclamou o Evangelho naquele país.

Como aconteceu em outros países, na Índia, a Igreja incorporou características locais. Por exemplo, a Virgem Maria é representada com um sári, que é uma vestimenta típica das mulheres indianas.

A Igreja se empenha em falar o idioma dos diferentes povos aos quais anunciou o Evangelho. Rezar e celebrar a Eucaristia na língua de cada povo possibilitou a compreensão da mensagem de Jesus por pessoas do mundo inteiro.

A Bíblia e muitas orações cristãs foram traduzidas para inúmeras línguas, incluindo várias línguas indígenas. Uma delas é o quíchua, falado por povos que vivem na região da cordilheira dos Andes, na América do Sul, em países como Argentina, Bolívia, Chile, Equador e Peru.

Leia um trecho da oração do Pai-nosso na língua quíchua.

Yayayku
Pai nosso,

Hanaq pachakunapi kaq,
que estás no céu,

Sutiyki much'asqa kachun,
santificado seja o teu nome;

Qhapaq kayuiyki noqaykuman hamuchun
venha o teu reino;

Munayniyki ruwasqa kachun
seja feita a tua vontade,

Imaynan hanaq pachapi hinataq
assim na terra como

Kay pachapipas
no céu.

Menina reza em frente à cruz decorada em Cuzco, no Peru.

 1 O que faz um missionário? Converse com os colegas.

 2 Faça uma pesquisa sobre o trabalho que os missionários realizam e monte um cartaz com as informações coletadas. No dia combinado com o(a) professor(a), leve seu cartaz para a classe e exponha-o para a turma.

VIVENDO O QUE APRENDEMOS

Levar boas notícias às pessoas

Paulo demonstrou sua fé em Jesus anunciando as boas-novas do Evangelho a muitas pessoas. Ele escrevia cartas às comunidades de várias cidades para animá-las e ajudá-las a superar problemas.

1. Agora é sua vez! Escreva uma carta aos colegas de turma: agradeça pela convivência neste ano e conte quais foram os melhores momentos de união.

Queridos colegas do 5º ano,

 2. Mostre sua carta aos colegas e leia a deles também.

As religiões têm muito a nos ensinar

3) Neste ano, você trilhou o caminho do conhecimento religioso e entrou em contato com a diversidade cultural e religiosa do Brasil e do mundo.

   a. O que mais chamou sua atenção nas religiões que você estudou?

   _____
   _____
   _____
   _____

   b. De que relato bíblico você mais gostou? Por quê?

   _____
   _____
   _____
   _____

4) Imagine que alguém lhe pergunte quem foi Jesus. O que você responderia?

   _____
   _____
   _____
   _____
   _____
   _____

5) Em casa, mostre a seus familiares o que você respondeu. Faça a mesma pergunta a eles e ouça as respostas com atenção.

CONHECENDO UM POVO DO NOSSO PAÍS
Os Kaingang

Os Kaingang são um dos povos indígenas mais numerosos do Brasil. Seus territórios atuais, reconhecidos como Terras Indígenas, representam uma pequena parcela das terras que ocupavam antes da chegada dos portugueses. Atualmente, suas aldeias estão localizadas nas regiões Sudeste e Sul do país.

As comunidades kaingangs realizam diferentes atividades, como pesca, agricultura, caça e coleta de frutos e de raízes. Mas também há kaingangs que frequentam escolas e que trabalham em locais comuns aos não indígenas, como postos de saúde, lojas diversas, hospitais, universidades, entre outros.

Desde o período colonial, muitos dos territórios dos Kaingang foram tomados pelos portugueses. A abertura de caminhos para o transporte de rebanhos, ou tropas, forçou diferentes grupos kaingangs a buscar novos locais para morar. Em geral, os tropeiros levavam os rebanhos do Rio Grande do Sul até Sorocaba, em São Paulo.

Naquela época, nosso povo lutou muito para manter nossos territórios. Muitos perderam a vida por suas terras.

Com o passar do tempo, tropeiros, trabalhadores e colonos foram instalando locais de descanso ao longo dessas estradas e caminhos. Aos poucos, esses lugares formaram vilas, como Lapa e Palmeiras, no Paraná, e Vacaria e Cruz Alta, no Rio Grande do Sul.

Os Kaingang se destacam por fabricar armas de caça e de guerra, tecidos de fibra de urtiga brava, cestos de taquara e outros objetos de cerâmica, de cabaças e de taquara, como buzinas de boi, flautas, macarás, apitos, entre outros instrumentos que são utilizados principalmente no ritual *kikikoi*, uma celebração aos mortos. Além disso, compartilham vários costumes com os não indígenas, como tocar violão e acordeão em suas festas e rituais.

Esse povo faz uso de um tipo particular de grafismo para expressar seu modo de compreender o mundo. Esses grafismos são aplicados nos tecidos, nos instrumentos de trabalho e em outros objetos, bem como nas pinturas corporais. Cada grafismo representa uma ideia específica, como um sistema de escrita.

Um dos mitos kaingangs mais antigos é o que narra a origem dos seres humanos e do Universo. Os pesquisadores chamam essa característica cultural de cosmogonia.

De acordo com a cosmogonia kaingang, no início dos tempos havia dois irmãos: Kamé e Kairu, que representam opostos, como dia e noite, oeste e leste, feminino e masculino. Para os Kaingang, essa dualidade faz parte do ser humano e isso está expresso nos grafismos, no modo como organizam as construções das aldeias, nos rituais e até mesmo em suas relações familiares.

Com o passar do tempo, outros seres sugiram para fazer companhia aos gêmeos Kamé e Kairu, como Cobra, Onça, Anta e Formiga, seres considerados sagrados pelos Kaingang. À medida que esses seres passavam a fazer parte do mundo, surgiam as regras de comportamento que são aquelas que os Kaingang respeitam até hoje.

Esse povo tem um profundo cuidado com os seus mortos e com as terras onde foram enterrados. Também valoriza a presença dos *kuiã*, que são os mediadores entre o mundo dos vivos e o mundo dos mortos. Eles também têm conhecimentos sobre a natureza e habilidades de cura.

Atividades

O mito de origem do povo Kaingang narra a trajetória dos irmãos Kamé e Kairu, que juntos criaram diversos seres vivos. Vamos organizar um teatro de sombras para apresentar esse mito?

1. Em casa, com a ajuda de seus familiares, faça uma pesquisa em livros, revistas e na internet sobre o mito de origem do povo Kaingang. Anote no caderno as informações que encontrar.

2. Em classe, compartilhe com os colegas o resultado de sua pesquisa e ouça as informações que eles anotaram.

3. Com a ajuda do(a) professor(a), você e os colegas vão elaborar um roteiro de uma peça de teatro de sombras sobre o mito da criação dos Kaingang e apresentá-la às outras turmas.

4. Organize com os colegas a elaboração da estrutura e da apresentação do teatro de sombras. Vocês podem convidar os alunos do 1º e do 2º ano da sua escola para conhecer o mito de criação dos Kaingang.

JOGANDO

PONTOS DE DIÁLOGO

Neste jogo, você e os colegas vão descobrir pontos de diálogo entre as diferentes tradições religiosas, fundamentais para fortalecer a mensagem comum de respeito e de solidariedade, afirmando o bem comum como chave de uma convivência feliz!

Do que você precisa para jogar

- 1 dado comum.
- 1 dado do jogo da página 89.
- 1 tabuleiro para cada jogador.
- 4 peões para cada jogador da página 89.
- 5 cartas "Encontro de diálogo!" da página 91.

Número de jogadores

2 a 3 jogadores.

Regras do jogo

1 Os jogadores devem posicionar seus peões no ponto de partida, indicado pela cor. Cada peão representa uma tradição religiosa e deve andar pela trilha correspondente.

2 Sorteiem a ordem de jogada utilizando o dado comum. O jogador que tirar o menor número no dado inicia a partida.

3 Um jogador por vez lança o dado do jogo e avança em seu tabuleiro de acordo com a orientação.

 Tradições religiosas africanas: Avançar uma casa na trilha das tradições religiosas africanas.

 Tradições religiosas orientais: Avançar uma casa na trilha das tradições religiosas orientais.

 Tradições religiosas ocidentais: Avançar uma casa na trilha das tradições religiosas ocidentais.

 Tradições religiosas indígenas: Avançar uma casa na trilha das tradições religiosas indígenas.

 Encontro de diálogo!: Quando o jogador tiver um peão na casa anterior à casa "Encontro de diálogo!", ele pode avançar para essa casa somente se tirar esse lado do dado. O peão só pode entrar em uma casa "Encontro de diálogo!" quando esse lado do dado sair na sua jogada.

 Passo de fraternidade: Avançar com qualquer peão na sua trilha, mas sem poder entrar na casa "Encontro de diálogo!".

4 É preciso esperar que todos os peões cheguem à casa "Encontro de diálogo!" para, então, ler em voz alta a carta da cor correspondente; por exemplo, para ler a primeira carta, os jogadores devem aguardar que o peão das tradições indígenas e o peão das tradições religiosas orientais estejam juntos em "Encontro de diálogo!".

5 Se o jogador tirar um lado do dado que impossibilite a jogada, terá de dar a vez a outro jogador.

6 O jogador que conseguir chegar com os 4 peões à última casa ("Encontro de diálogo!") será o vencedor.

CONHEÇA MAIS

Livros

***A mentira da verdade*, de Joaquim de Almeida. Edições SM.**

História em quadrinhos de conto africano sobre a criação do mundo. Olofi criou todas as coisas, incluindo a Verdade e a Mentira. Quando a Mentira encontra a Inveja, inicia-se um confronto que altera todo o equilíbrio.

***ABC do mundo judaico*, de Moacyr Scliar. Edições SM.**

Apresentado em forma de verbetes, o livro da Coleção ABC traz explicações e curiosidades sobre as tradições, as festas, a religiosidade e os costumes do povo judaico. A Coleção ABC tem ainda livros do mundo árabe, dos povos indígenas do Brasil, do continente africano, do Japão, etc.

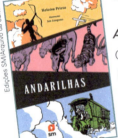

***Andarilhas*, de Heloisa Prieto. Edições SM.**

O livro aborda a caminhada das histórias pelo mundo, que garante a propagação de culturas e saberes: suas personagens, três adolescentes em trânsito, ouvem três histórias da tradição oral, uma budista, uma árabe e uma cigana.

***Meu coração é tua casa*, de Federico García Lorca. Tradução de Pádua Fernandes. Edições SM.**

Poemas em que o vento se casa, a lua comete um crime e um caracol medita sobre a eternidade. São imagens de sonho que vêm da Andaluzia, região espanhola ao mesmo tempo alegre e trágica, terra de sol e flamenco.

***Mavutsinim e o kuarup*, de Rosana Rios. Edições SM.**

Narrativa da nação indígena Kamayurá, do Alto Xingu, conta a história da criação da humanidade e mostra a importância do ritual do *kuarup* para esses povos.

Filme

***Pachamama*. Direção de Juan Antin. França/Luxemburgo/Canadá, 2018 (72 min).**

Tepulpaï, um garoto que sonha em se tornar xamã, e sua amiga Naïra partem em busca da estatueta sagrada que foi misteriosamente furtada da comunidade em que vivem.

Jogando
Página 84

- - - - - - recortar
——— dobrar

Encontro de DIÁLOGO!

"O nosso mundo tornou-se uma aldeia global. O diálogo educa quando a pessoa se relaciona com respeito e estima. Convido a todos a construir pontes de fraternidade".

(Papa Francisco)

Encontro de DIÁLOGO!

"Ninguém nasce odiando outra pessoa pela cor de sua pele, por sua origem ou ainda por sua religião. Para odiar, as pessoas precisam aprender; e, se podem aprender a odiar, podem ser ensinadas a amar".

(Nelson Mandela)

Encontro de DIÁLOGO!

"A paz é filha da convivência, da educação, do diálogo. O respeito às culturas milenárias faz nascer a paz no presente".

(Rigoberta Menchú)

Encontro de DIÁLOGO!

"Felizes os que promovem a paz, porque serão chamados filhos de Deus".

(Jesus Cristo, no Evangelho segundo Mateus 5,9)

Encontro de DIÁLOGO!

"Somos todos iguais. Compartilhamos uma só casa que devemos cuidar. As diferenças de língua, de religião ou de cultura devem estar em nível secundário".

(Dalai-lama)